EL PEQUEÑO VAQUERO

Autor

Terry Duke

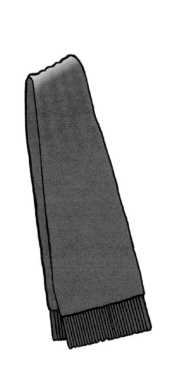

La armadura completa de Dios –

¡Tengo que **usarla** todos los días!

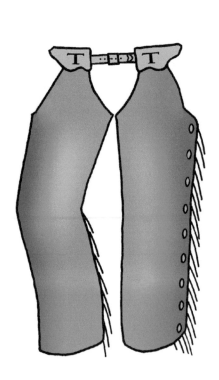

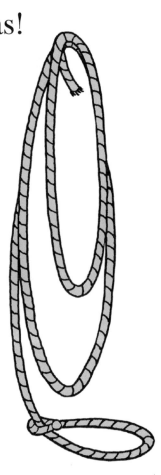

El casco de la Salvación

Le he pedido a Jesús que entre en mi corazón.

Me pongo el **casco** de la Salvación.

El casco me protege y resguarda mi mente.

Versículos: Juan 3:16; Efesios 6:17

El **pectoral** de la Rectitud

Estoy en buenos términos con el Señor.

Porque yo soy su hijo.

Yo uso el **pectoral** de la rectitud.

Versículo: Efesios 6:14

La Verdad alrededor de mi cintura

Leo y estudio la palabra de Dios

para poner la verdad en mi corazón.

La Verdad me libera.

Me pongo la Verdad alrededor de mi cintura.

Versículo: Efesios 6:14

Las **Botas** de la Paz

Yo uso las **botas** de la Paz. Jesús es Paz.

Me apresuro a compartir a Jesús (la Paz)

con los demás.

Versículo: Efesios 6:15

El escudo de la Fe

Yo cargo el escudo de la Fe.

El escudo intercepta TODOS los dardos feroces

del diablo.

Versículo: Efesios 6:16

La **espada** del Espíritu

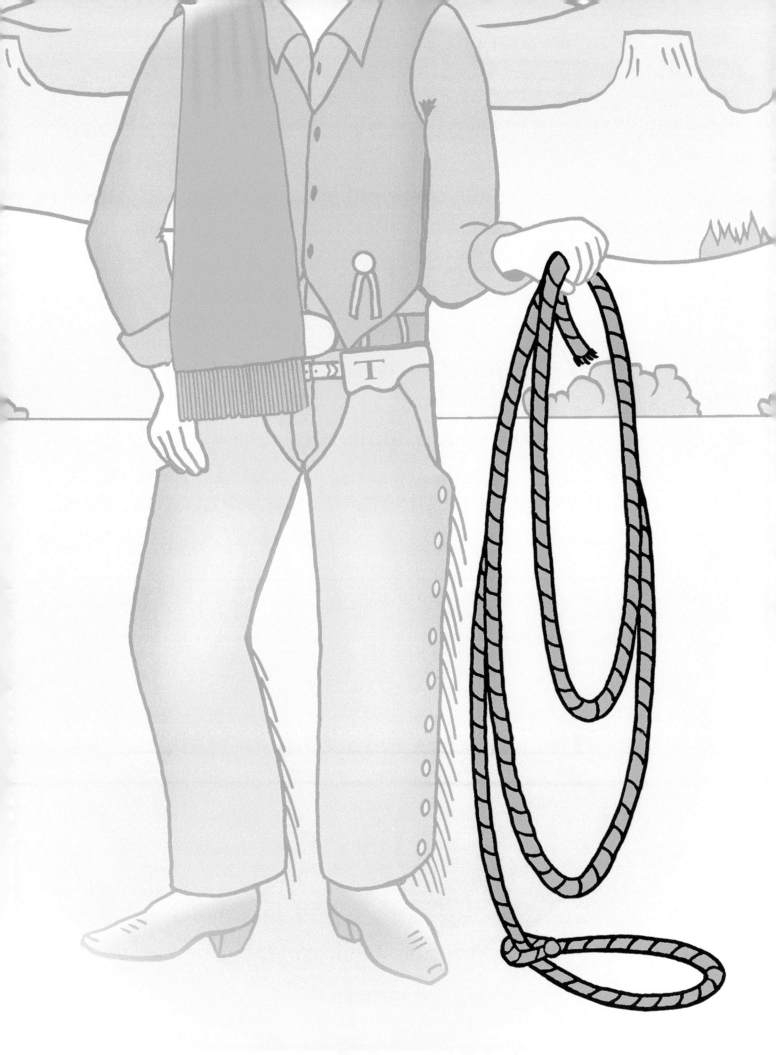

Yo tengo la espada del Espíritu,

que es la Palabra de Dios.

Uso la espada para pelear en todas mis batallas.

Ahora uso

¡La armadura completa de Dios!

Versiculo: Efesios 6:17

Padre Celestial,

Vengo a Tí en nombre de Jesús.

Creo que Jesús vino en persona. Creo que

Jesús murió en la cruz por mis pecados, y

después de tres días, Se levantó de entre los

Muertos. Ahora Te pido que entres en mi corazón.

Sé que Tú anunciaste la verdad. Gracias

por escucharme, y por entrar en mi corazón.

Gracias por perdonar mis pecados

Ahora te escojo para que Tú seas el Señor de mi vida.

Gracias por ser mi amoroso Padre y hacerme Tu niño de hoy en adelante.

En nombre de Jesús,

Amén

Porque de tal manera amó Dios al mundo, que ha dado a su Hijo unigénito, para que todo aquel que en él cree, nose pierda, mas tenga Vida eterna.

-Juan 3:16 **RVR**

Pues Dios amó tanto al mundo que dio a su único Hijo, para que todo el que crea en él no se pierda, sino que tenga vida eterna.

-Juan 3:16 **NVT**

Dios amó tanto a la gente de este Mundo, que El [hasta] entregó a Su único Hijo (unigénito), para que todo el que crea (confía, se apega, depende) en El no perezca (encuentre la destrucción, se pierda), sino que tenga vida eterna (por siempre).

-Juan 3:16 **Versión extensa**

Acerca del Autor

Terry L. Duke es esposa, madre, abuela y bisabuela. Ha realizado su carrera profesional como enfermera especializada en Educación Sobre la Diabetes. La meta final de Terry como Cristiana que volvió a nacer hace muchos años es completar su recorrido terrenal compartiendo con los demás acerca de Jesús y Su amor por ellos. Es egresada del Rhema Bible Training College.

Made in the USA
Columbia, SC
20 August 2024

40348800R00018